CATALOGUE
Du Cabinet de M. J. [olivard]

TABLEAUX
MODERNES
DESSINS ET AQUARELLES
ESTAMPES ANCIENNES
Objets d'Art et Curiosités

DONT LA VENTE AURA LIEU

HOTEL DROUOT
SALLE N° 2

Les Vendredi 20 et Samedi 21 Décembre 1861

A DEUX HEURES PRÉCISES

Par le ministère de Me PERCHERON, Commissaire-Priseur,
10, rue Richer,

Assisté de MM. F. PETIT, 43, rue de Provence, et CLEMENT,
M^d d'Estampes de la Bibliothèque impériale,
Experts, 3, rue des Saints-Pères,

Chez lesquels se distribue le présent Catalogue.

EXPOSITION PUBLIQUE

Le Jeudi 19 Décembre 1861, de une heure à quatre heures.

1861

ORDRE DES VACATIONS

Le Vendredi 20 Décembre :

LES TABLEAUX, OBJETS D'ART & CURIOSITÉS

M. Francis PETIT, Expert.

Le Samedi 21 Décembre :

LES ESTAMPES & DESSINS

M. CLEMENT, Expert,

CONDITIONS DE LA VENTE

Elle sera faite au comptant.

Les Acquéreurs paieront, en sus des adjudications, CINQ pour cent applicables aux frais.

DÉSIGNATION

OBJETS D'ART ET CURIOSITÉS

1 — Buste de femme, terre cuite, par Clodion.

2 — Une Vierge, statuette en bois sculpté de l'époque de Louis XIV.

3 — Mandarin chinois, en céladon turquoise.

4 — Une chimère, en vieux craquelé.

5 — Un magnifique cadre en bois sculpté du xvi⁰ siècle.

6 — Le mariage de sainte Catherine, sculpture en bois.

7 — Un verre à pied de Venise.

8 — Un gobelet en verre de Venise.

9 — Un pot en vieux craquelé, monté sur un socle en bois sculpté.

10 — Un pot en céladon vert d'eau, avec fleurs bleues et blanches.

11 — Une bouteille en vieux craquelé, avec boucbon en argent.

12 — Une autre bouteille en vieux craquelé.

13 — Deux vases en faïence de Castelli.

14 — Deux petites assiettes, même faïence.

15 — Deux grands vases en faënza, montés sur bois sculpté, avec candelabres à cinq lumières, en bronze platiné imitant des roseaux.

16 — Une ancienne cruche en grès de Flandre.

17 — Deux vases craquelé moderne.

18 — Deux bouteilles cristal.

19 — Deux flambeaux en bronze platiné moderne.

20 — Un encrier triangulaire en bronze florentin.

21 — Un vieux mendiant, terre cuite, par Graillon.

22 — Deux chiens en terre cuite.

23 — Thésée et le Minotaure, bronze par Barye.

24 — Un grand bahut à trois portes en chêne sculpté moderne.

25 — Un petit bahut à une porte, chêne sculpté moderne.

26 — Une table en bois sculpté moderne, avec dessus de velours vert.

27 — Un canapé, quatre fauteuils en bois sculpté moderne, recouvert en velours vert.

28 — Deux petits tabourets en chêne sculpté.

29 — Un thermomètre dans un cadre en bois sculpté.

ÉMAUX

TABLEAUX

GARNEREY (Louis).

43 — D'après Bonnington. Marine.

JOLIVARD.

44 — Pâturage de Normandie. Tableau capital.

45 — Vue prise en Normandie.

46 — Vue prise en Bretagne.

47 — Paysage : le Retour du marché.

48 — Intérieur d'une grange.

49 — Intérieur.

50 — Bords d'un étang.

51 — Bords de la Marne.

52 — Bâtiments de ferme.

53 — Environs du Mans.

54 — Bassins du Havre.

55 — Paysage en Normandie.

56 — Moulin à eau.

57 — La Chasse aux canards.

58 — Vue prise dans la Mayenne.

59 — Une Plage à marée basse.

60 — Vue prise dans le parc de Saint-Cloud.

61 — Les Châtaigniers.

62 — Paysage.

JOLIVARD.

63 — Paysage avec chevaux.

64 — Vue de Normandie.

65 — Etude en Bretagne.

66 — Effet de brouillard.

67 — Le Lavoir.

68 — Chasse au renard, intérieur de forêt.

69 — Vue d'un château.

70 — Paysage, cascade.

71 — Paysage avec cours d'eau.

72 — Dessous de bois, forêt de Fontainebleau.

73 — Une Ferme.

74 — Vue prise à l'Etang-la-Ville.

75 — Roches au-dessous du nid de l'aigle.

76 — Six Etudes, d'après nature.

77 — Dix Etudes, d'après nature, en Normandie.

78 — Dix   dito   dito.

79 — Douze   dito   dito.

80 — D'après Hobbema : Paysage.

81 —   —   Ruysdaël : le Coup de vent.

82 -   —   Hobbema : Paysage, pochade.

83 —   —   Demarne :

84 —   —   Constable : Paysage maritime.

LEPRINCE (Léopold).

85 — Deux Paysages.

MICHALON.

86 — Paysage.

MOZIN.

87 — Entrée de port.

PETER NEEFS (Attribué à).

88 — Intérieur d'église.

INCONNU.

89 — Cinq Tableaux.

DESSINS ET AQUARELLES

BARYE.

90 — Le Lion dans le désert.

Aquarelle.

BEAUMONT (E. DE).

91 — Qu'est-ce que tu veux, Bébé ? Nanan.

Dessin rehaussé.

92 — Elle me résistait, je l'ai assassinée.

Dessin rehaussé.

BOILLY (JULES).

93 — Intérieur du Palais-Royal, animé d'un grand nombre de personnages.

Dessin à l'encre de Chine, très-curieux pour les costumes.

94 — Le Jeu des quatre coins.

A la plume lavé de sépia.

95 — Le Tondeur de chiens.

Dessin au crayon noir.

96 — Quatre figures grotesques.

Quatre dessins dans un même cadre.

BOISSIEU (J.-J. DE).

97 — Paysans assis à une table et buvant.

Dessin au bistre portant le monogramme du maître, 1798.

98 — Vue du château de la Duchère, près Lyon.

Dessin au bistre.

BOUTON.

99 — Intérieur d'église.

Dessin à l'encre de Chine, signé *Bouton*, 1822.

HOLBEIN (d'après).

100 — La Madone de Dresde.

Lavis.

JOLIVARD.

101 — Paysage.

Aquarelle.

LANTARA.

102 — Effet d'orage.

Dessin à la pierre d'Italie.

103 — Clair de lune.

Dessin à la pierre d'Italie.

NAUDET.

104 — Vue de la place de la Concorde, l'an VI de la République.

Aquarelle.

OMMÉGANCK.

105 — Intérieur d'une étable à moutons.

Encre de Chine.

STEEN (J.).

106 — Intérieur de cabaret.

Encre de Chine.

ESTAMPES

ALDEGRAVER (Henri).

107 — Portrait de l'auteur, âgé de vingt-huit ans (B. 188).

Superbe épreuve ; elle est doublée.

BEHAM (Hans-Sebald).

108 — La Patience (B. 138).

Superbe épreuve. (Collection W. Esdaile.)

BOISSIEU (Jean-Jacques de).

109 — Les Tonneliers (R. Q.).

Très-belle épreuve.

110 — Vieillard faisant lire un enfant (R. 18).

Première épreuve à l'eau-forte pure.

111 — Deux enfants jouant avec un chien (R. 19).

Superbe épreuve tirée sur papier de Chine.

112 — La Leçon de botanique (R. 20).

Superbe épreuve tirée sur papier de Chine.

BOISSIEU (Jean-Jacques de).

113 — Vieillard jouant de la vielle de la main droite (R. 29).
Première épreuve à l'eau-forte pure.

114 — Peintre dans son atelier (R. 26).
Très-belle épreuve.

115 — Vieillard jouant du hautbois (R. 27).
Très-belle épreuve.

DURER (Albert).

116 — La Vierge au singe (B. 42).
Très-belle épreuve. (Collection Ackermann.)

117 — Saint Georges à pied (B. 53).
Très-belle épreuve.

118 — Saint Jérôme en pénitence (B. 61.
Superbe épreuve.

119 — La Famille du satyre (B. 69).
Superbe épreuve.

120 — L'Effet de la jalousie (B. 73).
Superbe épreuve.

121 — Les Armoiries au coq (B. 100).
Belle épreuve.

HOLLAR (W.).

122 — Huit portraits d'hommes et de femmes, dont le comte de Salisbury, sir Richard Hulton, etc.

Belles épreuves.

123 — Portraits d'hommes et de femmes.

Sept pièces. Belles épreuves.

124 — Diverses figures, d'après Léonard de Vinci.

Vingt et une pièces. Très-belles épreuves.

MECKEN (ISRAEL VAN).

125 — La Descente de Croix (B. 19).

Superbe épreuve.

OSTADE (ADRIEN VAN).

126 — Paysan sonnant du cor (B. 7).

Superbe épreuve avec la bordure faible.

127 — La même estampe.

Très-belle épreuve.

127 bis. — Le Vielleur (B. 8).

Superbe épreuve avant que le trait carré ait été renforcé.

128 — L'Homme appuyé sur le bas de sa porte (B. 9).

Superbe épreuve avant divers travaux.

OSTADE (Adrien Van).

129 — La Tendresse champêtre (B. 11).

Magnifique épreuve avant de nombreux travaux, notamment sur la vigne; le chapeau de l'homme se détache à peine du fond; elle est aussi avec la grande S au nom d'Ostade. Extrêmement rare.

130 — La même estampe.

Superbe épreuve également avant les travaux sur la vigne, et avec les traces très-visibles de la grande S.

131 — L'Homme et la Femme causant ensemble (B. 12).

Superbe épreuve tirée avant les tailles perpendiculaires sur l'habit et la main gauche de l'homme, vu de face. Très-rare.

132 — La Cruche vide (B. 15).

Trois épreuves avec différences. Sera divisé.

133 — Les Harangueurs (B. 19).

Très-belle épreuve.

134 — Le Marchand de lunettes (B. 29).

Magnifique épreuve à l'eau-forte pure; le trait carré est très-finement indiqué.

135 — La même estampe.

Très-belle épreuve.

136 — Le Père de Famille (B. 33).

Très-belle épreuve avant que le trait carré ait été renforcé.

137 — Le Charcutier (B. 41).

Superbe épreuve d'eau-forte pure, avec la bordure très-légèrement indiquée. Très-rare.

OSTADE (Adrien Van).

138 — Le Paysan payant son écot (B. 42).
Très-belle épreuve avant divers travaux.

139 — Le Charlatan (B. 43).
Superbe épreuve à l'eau-forte pure avant la bordure et les changements.
On voit dans le fond, à gauche, un homme et un jeune garçon en marche,
et au delà une chaumière.

140 — La même estampe.
Très-belle épreuve.

141 — La Fête sous la treille (B. 47).
Magnifique épreuve avant les travaux sur le pignon de la troisième maison et avec la bordure faible, portant au verso la signature de *P. Mariette,
1668*, et provenant de la collection de W. Esdaile.

142 — La Fête sous le grand arbre (B. 48).
Magnifique épreuve avant que les traits diagonaux, au-dessus de l'arbre
qui est devant le clocher, aient été effacés. Rare.

143 — La Danse au cabaret (B. 49).
Magnifique épreuve avant le travail très-serré à la pointe sèche, produi-
sant l'effet de la manière noire, et avant que les bords de la planche aient
été nettoyés. Très-rare.

RAIMONDI (Marc-Antoine).

144 — La Bacchanale (B. 249).
Très-belle épreuve. Elle est doublée.

REMBRANDT (Paul Van Rhyn).

145 — Portrait de Rembrandt appuyé (B. 21). Cl. 21.
Très-belle épreuve, avec le nom de l'artiste très-apparent, d'un des plus
beaux portraits de ce personnage.

REMBRANDT (Paul Van Rhyn).

146 — Agar renvoyée par Abraham (B. 22), l'Ange qui disparaît devant la famille de Tobie (43), la Circoncision (48), la Fuite en Égypte (53), Jésus en croix entre deux larrons (79).

Cinq pièces.

147 — Le Triomphe de Mardochée (B. 40). Cl. 44.

Très-belle épreuve fort chargée de manière noire, avec une petite marge.

148 — La Samaritaine (B. 70). Cl. 74.

Très-belle épreuve.

149 — Pierre et Jean à la porte du Temple (B. 94). Cl. 97.

Belle épreuve. Elle a une belle marge.

150 — La Médée, ou le Mariage de Jason et de Créuse (B. 112). Cl. 114.

Très-belle épreuve du 3e état, avant que les quatre vers hollandais aient été supprimés.

151 — Synagogue des Juifs (B. 126). Cl. 128.

Magnifique épreuve du 1er état, avant l'ombre des pieds des Juifs, qui se voient dans le fond, à la droite de l'estampe et avec le manteau du vieillard le plus près de la gauche moins travaillé. Extrêmement rare.

152 — Mendiants à la porte d'une maison (B. 176). Cl. 173.

153 — Vénus au bain (B. 201). Cl. 198.

Belle épreuve.

154 — Le Paysage aux trois arbres (B. 212). Cl. 209.

Superbe épreuve d'un des plus beaux paysages de Rembrandt.

155 — La même estampe.

Très-belle épreuve.

REMBRANDT (Paul Van Rhyn).

156 — Homme à barbe courte et bonnet frisé (B. 263).
Cl. 260.

Très-belle épreuve.

157 — Portrait de Janus Sylvius (B. 266). Cl. 263.

Très-belle épreuve.

158 — Portrait de Faustus (B. 270). Cl. 267.

Très-belle épreuve avec les rayons du soleil s'étendant jusqu'aux parties demi-rondes de la fenêtre.

159 — Portrait de Clément de Jonghe (B. 272). Cl. 269.

Belle épreuve.

160 — Portrait du docteur Éphraïm Bonus, dit le *Juif à la rampe* (B. 278). Cl. 275.

Très-belle épreuve.

161 — Homme avec chapeau à grands bords (B. 311).
Cl. 307.

Très-belle épreuve.

162 — La Liseuse (B. 345). Cl. 335.

Très-belle épreuve du 1ᵉʳ état, avant que le nez ait été grossi et allongé. Elle a une petite marge.

163 — Buste de Vieille, d'un beau caractère (B. 353).
Cl. 243.

Très-belle épreuve.

SCHMIDT (G.-F.).

164 — Les Fumeurs, d'après Ostade.

Très-belle épreuve, avec belle marge.

SCHONGAUER (Martin).

165 — Le Portement de Croix (B. 21).

Ce morceau est un des plus considérables et des plus rares de l'œuvre. Très-belle épreuve, malheureusement elle est doublée et restaurée dans le haut de la partie droite.

166 — Saint Martin (B. 57).

Belle épreuve.

RENOU et MAULDE, imprimeurs de la Compagnie des Commissaires-Priseurs, rue de Rivoli, 144. 8487